LES FAUTES

DE LA

DÉFENSE DE PARIS

PAR

LE COLONEL COMTE DE MEFFRAY

Lettres, notes et rapports aux membres du Gouvernement
de la Défense nationale

PARIS

LIBRAIRIE INTERNATIONALE

A. LACROIX, VERBOECKHOVEN et Cie, Éditeurs

13, faubourg Montmartre, et 15, boulevard Montmartre

Même maison à Bruxelles, à Lepzig et à Livourne

—

1871

PARIS. — TYPOGRAPHIE ALCAN-LÉVY, RUE LAFAYETTE, 61.

AVANT-PROPOS

Par son énergique et industrieuse résistance, Paris devait triompher ; Paris a fait pour sa défense tout ce qu'il y avait à faire, et il a tout supporté avec courage et constance. Mais.....

Comment a-t-on défendu Paris ?

Un seul mot répondrait à cette question : — *Mal !*

Ceci, tout le monde le sent.

Mais pourquoi *mal ?*

C'est ce que nous allons chercher à expliquer en peu de mots et en nous plaçant dans la plus mauvaise situation possible, en ne prenant la question qu'au point de vue militaire et par conséquent en écartant toute considération, toute idée de politique extérieure ou intérieure, bien que la dernière soit, sinon la seule, du moins la principale cause de nos incroyables désastres, la cause primordiale !

Il serait impossible de laisser complètement de côté cette face de la question, si l'on entreprenait d'examiner le rôle des armées de province ; mais, à la rigueur, en ce qui concerne le sujet que nous entreprenons de traiter, tout en reconnaissant qu'elle existe pour Paris comme pour la province, on peut l'écarter comme appoint superflu à notre raisonnement.

Nous laisserons donc à d'autres le soin de rechercher la part de responsabilité qui incombe au Gouvernement du 4 septembre. Quant à nous, nous n'avons qu'à examiner sommairement les actes de celui qui, s'étant nommé lui-même président du Gouvernement, gouverneur de Paris, commandant en chef de l'armée, avait, en assumant les pouvoirs d'un dictateur, assumé aussi toute la responsabilité, et dont la pédantesque et présomptueuse incapacité a causé la perte finale de Paris et de la France.

Le Gouvernement a eu deux torts : le premier de n'avoir pas su reconnaître à temps la nullité de M. Trochu ; le second, après avoir été forcé de la reconnaître, de ne s'être décidé à lui retirer le commandement qu'alors que tout était perdu.

Tant au point de vue de la défense générale qu'à celui de la défense particulière de Paris, le général Trochu a fait fausse route. Son esprit méthodique, un peu pédant, l'a fait partir d'un principe stratégique, vrai en thèse générale, mais complètement faux dans le cas si exceptionnel dont nous nous occupons ici, à savoir :

Que toute forteresse assiégée est destinée à tomber, fatalement, si une armée de secours ne vient la délivrer.

Mais le général Trochu n'a pas songé à cet autre principe ou axiome stratégique, bien plus vrai que le précédent :

Que, pour pouvoir assiéger une forteresse, *il faut* que l'armée assiégeante soit, *au moins*, trois fois plus nombreuse que les forces qui défendent la place, et que cette proportion doit être plus considérable en raison du nombre des défenseurs qu'elle renferme.

La première faute du général Trochu a donc été de ne pas se souvenir de ce principe et de se figurer qu'avec *deux cent cinquante mille hommes* les Allemands assiégeaient et investissaient Paris.

Cela est devenu vrai, à la fin ; mais au début, c'était faux, complètement faux, et cela n'a pu devenir vrai qu'à la suite de fautes inouïes, continues, et dont l'histoire d'aucun peuple, d'aucun général, n'offre un seul exemple.

A l'annonce de la marche sur Paris de l'armée ennemie, le général Trochu se hâte (lentement) de faire établir des ponts-levis, de mettre l'enceinte en état complet de défense ; il fait comme le hérisson qui, se voyant menacé, se roule en boule, et, confiant dans les dards qui le protégent, attend que son ennemi, las de se piquer contre eux, l'abandonne et s'éloigne.

Le général n'a pas songé qu'en dehors de l'enceinte, en dehors de la portée des canons des forts extérieurs, et pourtant assez à proximité d'eux pour qu'ils fussent d'un grand secours, il y avait des positions faciles à rendre imprenables, et qui, solidement occupées par nous, eussent rendu non-seulement l'investissement mais même le siége impossibles ; telles sont, pour n'en citer que les plus essentielles, le plateau de Châtillon et ses abords, Meudon, Montretout et Sannois qui, relié à Saint-Denis, nous garantissait le libre cours de la Seine ; Montretout qui, appuyé d'un côté sur le Mont-Valérien, protégé de l'autre par Meudon, qu'il protégeait à son tour, nous assurait la tranquille possession des fortes positions naturelles qui relient Paris à Versailles ; Versailles, cette clef de la défense et du ravitaillement de Paris.....

Versailles, qu'on aurait dû fortifier dès le premier jour de menace et prendre pour point de concentration des débris de nos malheureuses armées, et où l'on aurait dû réunir tous les contingents que l'on parvenait à former, au lieu de les laisser se corrompre et se gangrener dans une inutile oisiveté à Paris.

Les marins dans les forts, la garde nationale derrière les remparts, mettaient Paris à l'abri d'un coup de main, que l'ennemi, du reste, n'eût même pas tenté, parce qu'il aurait été exposé à être assailli en flanc par l'armée de Versailles.

De la sorte, c'était nous qui devenions les maîtres de la situation, et nous avions tout le loisir d'attendre les résultats des efforts de la province.

Rien de tout cela n'est venu à l'esprit du général Trochu, ni à celui de son si nombreux et si cosmopolite entourage. Le plan du général, son fameux plan, était bien plus simple : faire le hérisson, et attendre la province ; si une armée de secours approchait, être prêt à tenter un effort et à lui tendre la main, pour s'accrocher à elle.

Mais, ce plan même, quelque simple qu'il fût, le général Trochu n'a pas su le suivre. Les fautes les plus graves qu'il a commises, dans l'exécution même de ce plan si naïf, sont indiquées dans les lettres que nous allons publier ; nous n'en parlerons donc pas ici.

Le général Trochu n'a pas songé non plus que le devoir du gouverneur d'une place assiégée est non-seulement de diriger les opérations militaires, mais encore de veiller à la subsistance des troupes et de la population civile ; loin de songer, dès le début, à ordonner et régulariser le rationnement, ce qui eût évité bien des souffrances et prolongé de beaucoup le temps possible de la résistance, il a attendu que l'inexpérience administrative de l'un des membres du Gouvernement fût enfin frappée de l'épuisement qui commençait

à se produire dans les vivres et en ordonnât le rationnement.
Il était trop tard !

Sans doute, c'est une lourde charge sur la conscience du
général Trochu que cet écrasement final de la France et de
Paris, qu'il devait et pouvait sauver ; mais une part bien
grande de responsabilité pèsera aussi, dans l'histoire, sur les
autres membres du Gouvernement qui ont, jusqu'au dernier
moment, résisté aux justes observations de l'un d'eux
(M. Ernest Picard). Celui-ci ayant compris de bonne heure
l'incapacité du général, a inutilement cherché à leur faire
sentir la nécessité absolue de confier le commandement de
l'armée à un chef capable, qui, dans sa longue et honorable
carrière, avait toujours fait preuve d'habileté, d'énergie et
de courage, au général Vinoy, dont la belle retraite de Mézières est la seule page glorieuse de l'histoire de nos affreux
et constants désastres.

Quant à *la reddition à merci*, qu'on appelle *capitula-
tion* ou *armistice*, conséquence de la dictature du général
Trochu, elle est déplorable ; et nous croyons qu'on eût pu,
peut-être, l'obtenir beaucoup moins humiliante.

Peut-être, avons-nous dit, car M. de Bismark, qui savait que nous étions à bout de ressources, que des milliers
de femmes, d'enfants, de vieillards et de malades allaient
mourir de faim, si nous ne nous rendions pas, avait sans
doute en lui-même prononcé le *Væ victis !* Depuis longtemps il épiait la France, il l'a vue glisser dans la boue, il
l'a poussée ; la voyant à terre, il s'est précipité sur elle, lui
a mis le genou sur la poitrine et, le couteau sur la gorge, il
s'est écrié : *Væ victis !*

Mais à côté du grand chancelier, il y avait le chef d'état-
major de l'armée allemande, le général de Moltke. Ce vieux
guerrier, cet habile général, aurait compris que l'armée de

Paris n'avait pas été vaincue par ses troupes ; que si on lui interdisait de continuer la lutte, ce n'était pas parce qu'elle ne pouvait plus la soutenir ; qu'elle n'avait donc qu'à remettre la baïonnette au fourreau et l'arme au pied.

On exige d'une armée vaincue qu'elle remette ses armes, mais d'une armée debout, intacte, l'honneur militaire défend qu'on les lui demande. Si l'on eût rappelé ce principe au général de Moltke, il l'aurait compris et nous eût laissé nos armes.

Un militaire respecte l'honneur de l'uniforme, même chez l'ennemi.

En renonçant à examiner le plan qu'aurait dû suivre le général Trochu, en nous bornant à suivre à grands pas *son manque de plan* et les fautes si graves que, même à ce seul point de vue, il a commises, nous reconnaissons que la tâche que nous avons entreprise est des plus ingrates ; que nous n'avons entre les mains ni assez de documents officiels, ni assez d'habitude de la plume pour la soutenir avantageusement ; aussi ce n'a été que poussé par notre patriotisme que nous nous sommes décidé à communiquer à nos compatriotes les impressions que nous suggérait notre vieille expérience militaire, à mesure que se déroulaient devant nos yeux les incroyables fautes que commettait chaque jour ce pauvre général Trochu.

Ces fautes, soyons francs avec nous-mêmes, c'est nous qui en sommes les véritables auteurs ; nous qui nous proclamons républicains et qui cherchons toujours, dans une dictature plus ou moins déguisée, sous un nom ou sous un autre, un refuge contre la multiple et horrible tyrannie des égouts de Belleville ; à nous qui ne savons pas trouver en nous-mêmes l'énergie nécessaire pour écraser ce fantastique spectre rouge, ce croquemitaine de la nation française, cet auxiliaire si puissant de l'invasion teutonne, cette cause *directe*, avouons-le nous *franchement*, de tous nos désastres.

Sans lui, la guerre civile n'eût pas éclaté à Lyon, Bordeaux, Marseille, etc., alors que l'ennemi triomphant envahissait le sol sacré de la patrie ; la province n'eût pas, comme elle l'a fait, marchandé et retardé son secours.

Paris et le Gouvernement n'eussent pas attendu qu'il fût *trop tard* pour enlever au général Trochu une position et un commandement militaire qui ne pouvaient nous mener et ne nous menaient, en effet, qu'à notre perte, alors que nous avions entre les mains *tout* ce qu'il fallait pour nous sauver ; alors que Paris donnait un si remarquable exemple d'abnégation, de dévouement, de patriotisme et d'énergie.

Tout cela est devenu inutile, tous nos efforts sont restés stériles (dans la crainte du spectre rouge) ; nous avons laissé nos destinées en des mains *présomptueusement incapables*. Cela a été une partie d'échecs jouée entre un enfant et un *Stanton* ! Nous avons succombé par la faute de celui que nous avons mis à notre tête, par notre faiblesse civique, par notre pusillanimité politique, par notre mollesse. Soyons ou ne soyons plus républicains, mais travaillons à nous relever promptement et glorieusement (1).

TOUT POUR LA FRANCE !

Colonel comte DE MEFFRAY.

---

(1) On trouvera, dans ces lettres qui n'étaient pas destinées à être publiées, des appréciations, peut-être un peu erronées, sur la situation des armées de province, mais il faut se rappeler que l'on ne pouvait que former des conjectures basées sur des bruits vagues, souvent faux. Le Gouvernement ne savait rien peut-être, mais en tout cas ne disait rien.

(Note de l'éditeur.)

LETTRES

NOTES ET RAPPORTS

AU MINISTRE DE LA GUERRE

Paris, 7 septembre 1870.

Mon général,

Dès le début de nos désastres, j'avais demandé au ministre de la guerre de me confier le commandement des bataillons de gardes mobiles des départements de l'Isère, de la Drôme et des Hautes-Alpes, avec lesquels je devais me jeter entre les Prussiens et leurs sources d'approvisionnements, intercepter leurs convois de vivres et de munitions, en un mot faire le vide derrière eux ; acceptée, cette idée n'a pas eu de suites : les Prussiens sont à nos portes.

Des troupes nombreuses entrent dans Paris à chaque instant, mais elles manquent d'officiers et la discipline n'y existe plus.

Je crois que ma vieille expérience et mon énergie peuvent être utiles à mon pays ; je viens vous prier de les utiliser.

AU MINISTRE DE LA GUERRE

Paris, 3 décembre 1870.

Monsieur le ministre,

Dès *le 12 août*, je demandais le grade de colonel dans la garde mobile, tant j'étais persuadé de l'utilité qu'il y aurait à grouper par régiments ces jeunes défenseurs de la patrie.

Mes anciens services et les organisations militaires dont j'ai à plusieurs reprises été chargé, me donnent la conviction *que je puis être utile*. Mon devoir est donc, dans un moment où la France a besoin du dévouement énergique de tous ses enfants, d'insister auprès de Votre Excellence.

Rentré depuis quelques années dans la vie privée, souffrant de mes nombreuses blessures, mon devoir et mon amour pour la patrie m'ordonnent de mettre encore une fois ma vieille expérience militaire et tout ce qu'il me reste d'énergie et de sang au service de notre pays.

Vous ne me condamnerez pas, mon général, à l'humiliante douleur d'entendre le canon de la France gronder plus longtemps auprès de moi, tandis que je reste inactif, inutile.

Sans cesse renouvelées, mes demandes sont appuyées par notre brave général Vinoy, qui a, dernièrement encore, parlé pour moi à Votre Excellence.

Permettez-moi, mon général, d'espérer que votre bienveillante justice va me mettre à même de servir encore notre chère patrie, et veuillez agréer l'hommage de mon profond respect.

Colonel comte DE MEFFRAY.

A M. ERNEST PICARD

Paris, 6 novembre.

Monsieur le ministre,

Il faut savoir envisager en face les questions et les voir à leur véritable point de vue, sans faiblesse dans les revers, comme sans enivrement dans la bonne fortune.

La France a été entraînée dans une grande guerre sans y être le moins du monde préparée, ni en hommes ni en matériel, avec une incapacité militaire et une ineptie qui autoriseraient des soupçons de trahison, si un honnête homme pouvait croire à une si honteuse infamie, même chez les êtres qu'il estime le moins.

Les désastres ont succédé aux revers ; il ne pouvait en être autrement. Nous avons bu le calice jusqu'à la lie, nous n'avons plus rien à perdre et tout à regagner ; encore un peu de constance et beaucoup d'intelligente énergie, et le succès est *certain* !

Les Teutons doivent leurs succès, non à leur génie, mais à *nos fautes*.

Pas une conception grandiose de leur part dans toute cette guerre, pas un trait d'audace ou de génie ; la Prusse **a** suivi mot à mot, lettre à lettre, la théorie militaire.

Enivrée par ses succès inespérés, elle a fini par s'en écarter *une fois*, et ce DOIT être sa perte.

Confiante dans le succès, même éphémère, des Blanqui, Flourens et autres révolutionnaires de la même trempe, qui devaient lui ouvrir les portes de Paris, elle a osé envoyer *deux cent cinquante mille hommes* assiéger et, prétend-elle, *investir* Paris, et cela à *cent vingt lieues* de sa base d'opération, de ses ravitaillements en vivres et munitions ; avec huit cent mille hommes, c'eût été téméraire, mais avec le chiffre réel de l'armée ennemie, c'est une faute capitale, une folie, ce doit être notre salut.

Que Paris tienne bon, et avec ses forts, sa garnison, c'est facile. Que la France jette de petits corps dans les Vosges, l'Argonne, la Lorraine et l'Alsace ; pas de bataille, tout au plus des combats ; mais qu'on coupe toutes les lignes de télégraphe et de chemins de fer en dix, douze ou quinze endroits à la fois, toutes les routes grandes et petites ; qu'en outre on tâche de surprendre les convois ; qu'on brûle ou fasse sauter ceux dont on ne pourra pas s'emparer, et au bout de quinze jours ou un mois, où en sera l'armée ennemie ?

La province est molle, dit-on, elle ne marche pas au secours de Paris et, sans doute, elle ne marche pas et ne *marchera pas* au secours de Paris, elle est lasse d'en subir le joug, c'est une vérité qui saute aux yeux.

Faites de Paris une New-York française, et d'une ville du centre, Tours, Blois ou toute autre, une Washington, c'est-à-dire de Paris la capitale du luxe, du commerce, des plaisirs, et de l'autre la capitale administrative et politique, et vous verrez si la France alors marchera ; mais vous n'avez pas le temps de faire cela pour l'instant.

N'appelez plus les départements *au secours de Paris*. Appelez-les à la défense de la France, dites-leur que Paris résiste et résistera, que Belleville, la Villette et Batignolles n'y feront plus la loi, que vous confiez au patriotisme de la France le soin de venger son honneur compromis ; faites-leur comprendre qu'il ne dépend que d'eux que pas un envahisseur ne rentre en Allemagne ; demandez-leur de se jeter dans l'Est et d'entourer l'armée d'invasion d'un cercle de fer et de feu, afin de restreindre le terrain de ses déprédations et le nombre déjà trop considérable des départements qui ont à en souffrir. Bons ou mauvais, nous manquons d'officiers, *il faut* pourvoir à cela.

Faites, monsieur le ministre, que mon dévouement à notre patrie, que ma vieille expérience militaire soient enfin utilisés, et daignez agréer l'assurance de mon respect.

Colonel comte DE MEFFRAY.

A M. ERNEST PICARD

Paris, 5 décembre 1870.

Monsieur le ministre,

Comme j'ai eu l'honneur de vous le dire personnellement, je n'avais aucune confiance dans la capacité du général Trochu. Son passage dans les bureaux du ministère de la guerre, qui lui avait valu le surnom de colonel Circulaire, son mauvais livre sur l'armée française, tout enfin m'inquiétait lorsque je l'ai vu assumer sur lui seul une si grande responsabilité, un pouvoir militaire si étendu, dans des circonstances si importantes et si difficiles.

J'espérais avoir mal jugé le général; il fallait lui laisser le temps d'agir, de se montrer.

Si, d'ailleurs, je me défiais de ses talents militaires, j'avais et j'ai toujours la plus entière confiance dans son honneur et sa loyauté. J'avais l'espoir qu'il ne se laisserait pas aveugler par son amour-propre, et que le jour où il reconnaîtrait son insuffisance, il saurait se retirer, remettre le commandement de l'armée en des mains plus habiles.

Il n'y avait pas, d'ailleurs, grand péril en la demeure; Paris n'est pas prenable de vive force.

Pour l'assiéger *véritablement*, il faudrait une armée plus considérable encore, et de beaucoup, que celle dont il s'imagine que nous sommes *sérieusement* entourés. Cependant le temps marche, nos vivres vont diminuer, et c'est là que je vois le vrai danger pour nous si nous restons bloqués, ou si nous continuons à croire que nous le sommes. Il faut donc aviser, et aviser au plus tôt.

Puisque vous me le permettez, je vous développerai mes idées.

Recevez, monsieur le ministre, l'assurance de mon respect.

Colonel comte DE MEFFRAY.

LA GRANDE SORTIE DU GÉNÉRAL TROCHU

Le *faux* investissement de Paris par une armée de deux cent cinquante à trois cent mille hommes ne saurait exister qu'à la condition que, quelque mince que soit la ligne d'investissement, cette ligne soit néanmoins continue avec certains points très solidement fortifiés et assez rapprochés les uns des autres, pour permettre sur chacun d'eux, suivant les nécessités de la défense, une concentration de troupes prompte et facile.

Jamais l'ennemi n'a songé à enlever Paris par un coup de main, aussi n'a-t-il construit aucun ouvrage offensif ; il s'est contenté d'enceindre Paris, en dehors du rayon de l'action des feux de ses forts, d'une enceinte purement défensive.

A-t-il, en dehors de cette ligne, fortifié des points stratégiques contre lesquels serait venue se briser l'élan d'une sortie privée du soutien des forts? Je ne le pense pas.

L'armée de la Loire, plus nombreuse, mieux organisée que nous ne l'espérions, victorieuse dans plusieurs combats, donne la main, d'un côté, à l'armée de l'Ouest, qui s'avance sur Chartres et peut-être Versailles ; de l'autre elle est à Montargis, sinon plus rapprochée encore de Paris.

Sur un autre côté, le général Bourbaki n'est peut-être pas loin de nous.

Quant à l'armée de l'Est, nous devons espérer qu'il sera un jour possible de lui donner une importance et une consistance qu'elle n'a pas aujourd'hui ; aussi est-elle complètement étrangère aux destinées de Paris. Bien commandée, elle pourra néanmoins rendre de grands services, en s'attachant très activement à entraver par tous les moyens possibles les communications de l'ennemi, l'arrivée de ses convois de vivres et de munitions.

D'après ces considérations et beaucoup d'autres inutiles à

énoncer, le point choisi pour la sortie, par le général Trochu, me semble mal choisi.

Le terrain d'outre-Seine et d'outre-Marne (Montmesly excepté) aurait dû être laissé ouvert à la retraite des Prussiens, que l'on aurait toujours eu la possibilité d'écraser, même étant dans les Vosges, l'Argonne, les Ardennes et l'Alsace. Les positions de Thiais, Chevilly, l'Hay, Clamart, etc., d'une part; celles de Choisy-le-Roi et de Montmesly, de l'autre, enlevées, la grande trouée était faite, l'armée ennemie coupée, sa grande ligne de ravitaillement interceptée.

Tout chemin mène à Rome, mais le chemin qui passe par Brie et Neuilly-sur-Marne ne mène à rien, et, en tout cas, nécessitait une campagne de bien des jours, tous marqués par un avantage réel pour nous, et encore la position de Montmesly, même dans ce cas, aurait dû être occupée par nos troupes.

Son éloignement de la direction que semblait vouloir suivre le général Trochu *nécessitait une opération spéciale*, et qui est toujours une complication fâcheuse.

Le général Trochu a commis une faute capitale en opérant le passage de la Marne vers Brie (c'est un enfantillage que de supposer que l'on trompera par une feinte aussi primitive que celle-là un général comme M. de Moltke). Le même mouvement pouvait s'opérer avec bien plus de facilité, en passant la Marne vers Joinville. Sous le feu de Charenton le passage en était facile, et l'on avait devant soi, à la branche du pont de Saint-Maur, deux belles routes menant l'une sur Champigny, l'autre sur Brie, avec bifurcation sur Villiers (les deux champs de bataille des 30 novembre et 2 décembre).

Il est toujours maladroit d'acculer le loup dans sa tanière; mieux valait, il me semble, laisser *pour le moment* la ligne de retraite ouverte à l'ennemi, enlever Choisy et Montmesly, occuper fortement la Seine *sur ce point*, puis opérer énergiquement sur un autre point, pour de là tendre effectivement la main à une armée de secours.

Les combats heureux des 30 novembre et d'aujourd'hui sont une fausse manœuvre; ils ont prouvé que nos jeunes troupes se battent bien. Elles se fussent également bien battues ailleurs sans plus de risques et avec plus de profit.

Le général Trochu a opéré dans un rayon de trois à dix kilomètres, et il a fait bivouaquer ses troupes plusieurs nuits de suite sans tentes-abris et sans couvertures, pour *alléger les hommes*, disait-il. Ceci est de la niaiserie ou plutôt du *tam-tam*. Depuis quand ne savons-nous plus porter nos effets de campement, nos vivres et nos munitions? Le général a oublié ce que nos hommes portent en Afrique, pour les étapes de cinquante et soixante kilomètres, sous un ciel de feu.

Par ces nuits glaciales, pour alléger de deux ou trois kilogrammes des hommes qui n'ont que quelques centaines de mètres à parcourir, il les fait geler faute de tentes et de couvertures, et est obligé, autant à cause de cela que parce qu'il s'est enfin aperçu de la bévue commise, de les faire rentrer et de perdre ainsi le fruit de leur héroïsme et de tant de sang versé.

Que Dieu protége la France!

Colonel comte DE MEFFRAY.

A M. ERNEST PICARD

Paris, 6 décembre 1870.

Monsieur le ministre,

Comme j'ai eu l'honneur de vous le dire, je crains que nous ne marchions à un abîme, alors qu'en fait tout concourt à nous mener au salut.

Le temps des grandes phrases, des *plans mystérieux* est passé.

Nous avons la force, nous avons le nombre, nous avons des canons, et en aurions plus encore *si on* le voulait bien.

Aux grands maux les grands remèdes.

J'espérais avoir à développer aujourd'hui, devant vous et M. Jules Favre (les deux seuls membres du Gouvernement en qui les honnêtes gens intelligents aient confiance), les idées qui me semblent devoir nous mener à la délivrance, peu m'importe que je sois chargé de mettre ces idées à exécution. Ce à quoi je tiens, c'est à vous les faire connaître ; vous en confierez l'exécution à qui vous inspirera plus de confiance. *Ce que je veux*, c'est que la France SOIT SAUVÉE et qu'elle sorte de ce péril extrême PLUS GRANDE que jamais.

Et c'est possible ; non-seulement possible, mais même j'oserais dire *facile*.

Seulement, pour Dieu, pour la France, de la pratique, de la réalité et non de la théorie abstraite, non de l'ambition personnelle ; pas de phrases, de *l'énergie*, de l'énergie *intelligente* (*si faire se peut*), mais de l'énergie (je ne dis pas de l'*audace*, ce serait trop beau).

En deux mots, voici l'idée que je voudrais développer devant vous :

Paris est imprenable de *vive force*.

La famine nous menace, la crise est imminente.

Nous ne sommes *peut-être* pas de force à résister aux ennemis du dedans et à ceux du dehors, nous attaquant à la fois.

La faim est une mauvaise conseillère, *en tous cas*, et en celui qui nous concerne *surtout*.

Nous *pouvons* et nous devons sortir de cette crise, mais IL FAUT *le vouloir*.

Si vous pouvez en tirer parti sans moi, faites-le, faites-le *de suite*. Mais voici la situation (en gros) telle que je la comprends :

Pour ne pas faire de pléonasme, je m'en rapporte à ma note d'hier sur la sortie maladroite du général Trochu.

Nous avons autour de nous :

A Chennevières, Créteil, etc. ...	120.000	hommes..
A Villejuif, l'Hay, Meudon, etc.	60.000	—
A Versailles.................	50.000	—
De Versailles à Saint-Gratien...	40.000	—
De Saint-Gratien à Chelles......	25.000	—

On a envoyé de l'armée d'investissement 50,000 hommes sur Chartres, qui doivent occuper fortement la vallée de Chevreuse.

Quelles sont nos forces?

Où et en quelle situation se trouvent nos armées de province?

D'où devons-nous attendre des ravitaillements, en admettant la trouée faite?

Quelle raison avons-nous pour ne pas affranchir le cours de la Seine jusqu'au Havre?

Pourquoi, SI on a un objectif, n'en avoir QU'UN?

Mettez-moi sur la sellette, monsieur le ministre, et sauvez la France.

Le temps presse, la crise approche!!!

Recevez l'assurance de mon respect.

Colonel comte DE MEFFRAY.

A M ERNEST PICARD

Paris, 10 décembre 1870.

Monsieur le ministre,

Je vous disais que les circonstances m'ayant mis à même d'étudier les armées allemandes, j'en connaissais non-seulement l'organisation, le mécanisme et les manœuvres, mais aussi la théorie, l'instruction et l'esprit, aussi bien que pour notre armée.

Or, dans toutes les théories militaires allemandes traitant des siéges, il est fortement recommandé à l'assiégeant de tromper, *par tous les moyens possibles*, l'assiégé ; de *l'inonder de fausses nouvelles*, afin de hâter ou de provoquer chez lui le découragement, etc., etc., etc.

Aussi, je ne crois qu'à une faible partie de ce qu'annonce la lettre du général comte de Moltke. Je n'ai pas osé insister là-dessus, l'autre soir, dans la crainte qu'on ne pût supposer que je désirais en savoir plus long qu'il ne convenait d'en dire.

Il est de règle, pour tous les militaires instruits et intelligents de toute nation, que, pour pouvoir combattre avantageusement un ennemi, il faut, entre autres choses, tâcher de bien se rendre compte du caractère, non-seulement de l'armée ennemie, mais encore de celui particulier de ses chefs, l'individualité de chacun de ceux-ci jouant un rôle plus grand qu'on ne le croit généralement dans la conduite des opérations.

(Inutile de vous développer cette théorie, dont au premier mot vous aurez, sans doute, reconnu la justesse.)

Si, malgré tous mes efforts présents et tous mes services passés, je n'étais pas *si injustement tenu à l'écart*, je voudrais, puisque nous en sommes réduits aux hypothèses, en ce qui concerne nos armées de province et de leurs mouvements, présenter au Gouvernement toutes les hypothèses probables et improbables ; alors on arrêterait un plan, que des nouvelles viendraient modifier peut-être, mais on s'arrêterait à un plan qui, en mettant tout au pis, offrirait encore une chance réelle de salut.

Deux cent mille hommes feront une trouée quand *on le voudra.*

Ce qui restera suffira toujours pour la défense des remparts.

Voilà le pis aller.

Mon avis n'est pas de s'arrêter à cette résolution extrême.

La crise approche, mais nous n'en sommes pas encore réduits là.

Pour abréger cette déjà trop longue lettre, voici la supposition qui me semble la plus probable :

L'armée de la Loire, forte de *deux cent mille hommes* environ, avait sa droite à *Montargis*, son centre aux environs de *Châteaudun*, sa gauche à *Saint-Calais* (ceci décrit à grands traits), ses réserves ou plutôt, peut-être, un corps de soutien *à Orléans*, et ce serait ce corps, trop faible pour résister, qui aurait été défait par l'armée ennemie venant de *Gien*.

Quant à l'armée elle-même, elle se serait divisée en **deux** corps : l'un, sous les ordres du général d'Aurelle, pivotant sur Saint-Calais, se rapprocherait de Paris par Chartres ; l'autre, pivotant sur *Montargis*, marcherait sur Fontainebleau, sous les ordres du général Bourbaki.

Si ma supposition est exacte, M. de Moltke le sait mieux que nous, et les lignes d'investissement doivent être singulièrement dégarnies. Il doit y avoir de grandes forces envoyées à la rencontre des armées de secours et de grandes concentrations entre Versailles, Meudon et Saint-Cloud, et vers Montmesly.

Je m'imagine que l'armée de l'Ouest est paralysée par celle du duc de Mecklembourg ;

Que l'ancienne armée de Bourbaky est toujours vers Senlis et Chantilly. La forêt de Chantilly se relie, par Luzarches et l'Isle-Adam, à celle de Montmorency ; ni l'une ni l'autre ne sont solidement occupées par les Prussiens ; elles devraient, ce me semble, jouer un grand rôle dans l'œuvre de notre délivrance.

Je voudrais voir ces données très sérieusement discutées dans un conseil de guerre *sérieux, auquel assisteraient les membres du Gouvernement; l'exécution du plan adopté*, restant *dictatorialement* entre les mains du gé-

néral présidant le Gouvernement. (Le plan à suivre me
paraît simple et d'un succès certain.)

Agréez, Monsieur le ministre, l'assurance de mon respect.

Colonel comte DE MEFFRAY.

A M. JULES FAVRE

Paris, 11 décembre 1870.

Monsieur le vice-président du Gouvernement,

Permettez-moi de continuer notre conversation de l'autre
soir, et soyez *assuré* que je n'ai *en vue que* le salut de la
France. Je vais avoir l'air de faire une réquisition contre le
général Trochu, et ce n'est *nullement mon intention. Dès
le principe*, je le jugeais comme je le juge *aujourd'hui*, et
je *lui ai alors*, comme je *vous* l'ai fait depuis, très loyale-
ment et très modestement, offert le concours de mon patriotisme et de ma vieille expérience militaire (peut-être bien
un peu politique aussi, souvent les deux choses se touchent
de plus près qu'on ne le croit généralement).

Le genéral Trochu a travaillé à la formation de nouvelles forces armées, à la réorganisation plus ou moins
complète de ce qui restait de l'ancienne ; sans favoriser, outre
mesure, la fabrication des nouveaux canons et mitrailleuses,
il n'y a pas opposé *beaucoup* trop d'entraves. (En ces
questions-là, l'argent n'est rien pour nous; aujourd'hui, il
aurait dû, selon moi, encourager à l'excès ces fabrications.)
L'IMMOBILITÉ n'est pas une *nécessité* de premier ordre pour
l'organisation ou la réorganisation d'une armée, elle est
une aggravation de situation pour une ville assiégée.

Des combats d'avant-postes mûrissent les jeunes troupes,
inquiètent l'assiégeant, fatiguent ses troupes et le forcent
à dégarnir ses lignes sur plusieurs points, pour renforcer
ceux *qu'il croit* le plus sérieusement menacés.

Si les Prussiens ne concentraient pas leurs troupes sur certains points et laissaient seulement le cordon d'investissement, nous ne serions pas *investis* (*assiégés, nous ne le sommes pas*), nous percerions la ligne *où* et *quand* nous voudrions.

La démoralisation en France a gagné les campagnes, aussi voyons-nous quelques paysans apporter avec empressement leurs denrées à l'envahisseur de leur patrie, dès que celui-ci les leur achète à un bon prix. L'embarras de l'approvisionnement se trouve par là, d'une façon fatale, diminué pour eux, mais il n'en est pas de même pour leurs munitions de guerre, dont, malgré toute leur astuce, nous les voyons très avares. Le soin scrupuleux qu'ils mettent à éviter tout engagement partout, nous indique clairement que nous devons chercher à en provoquer le plus possible. Ils sont à notre disposition, nous sommes toujours maîtres de chercher à les surpendre sur un point ou sur un autre ; eux, ne peuvent que se tenir prêts. Pourquoi, sous prétexte d'organisation, ne les fatiguons-nous pas ? Pourquoi ne profitons-nous pas de ces jours de brouillard épais qui nous permettraient, avec un rideau presque *intengible* de tirailleurs et de batteries volantes, de leur faire dépenser autant de munitions qu'en un combat réel, de fatiguer leurs troupes par des concentrations rapides sur des points qui leur sembleraient menacés ? Pourquoi n'aurions-nous pas en même temps des troupes prêtes à profiter d'un point reconnu faible et qui nous permettrait de forcer les lignes ennemies et de prendre ensuite à revers les positions qui nous sont nécessaires ? Pourquoi, par notre inaction, les laissons-nous libres d'envoyer contre nos armées de secours des corps nombreux que, par notre attitude hostile, nous les forcerions si facilement à maintenir devant nous, contre qui ils ne peuvent rien ?

Sans doute, dans ces combats, il n'y aurait pas toujours lieu à des bulletins de victoires préparant une dictature, mais il y aurait avantage réel pour la délivrance de la France *(Quod erat demonstrandum)*. Que signifient, d'ailleurs, ces bulletins?

M. le général Trochu nous annonce une victoire le 2 décembre, et, le lendemain matin, il a évacué les positions si *habilement* conquises; ou ces positions avaient de l'importance et, une fois conquises, il fallait les garder, ou elles n'en avaient pas, et alors pourquoi les attaquer? On s'est retiré devant des renforts trop considérables; ces renforts ne sont pas tombés du ciel, on devait prévoir qu'ils devaient arriver et qu'ils *arriveraient*!

Comme conséquence, nous ramenons *huit cents* prisonniers, les Prussiens en ont *douze cents* à nous;

Ils enterrent leurs morts, relèvent leurs blessés, et nous ne pouvons le faire que lorsqu'il leur plaît de nous le permettre et aux conditions qui leur conviennent. M. le général Trochu peut et doit nous rendre de grands services, mais à la condition qu'il ne soit *pas dictateur et qu'il soit assisté d'un conseil sérieux.*

Avec son système, il découragera tous les dévouements, mais il encourage l'ennemi dont, sans s'en douter, il joue le jeu.

Je prie Votre Excellence de vouloir bien faire lire ce griffonnage à M. E. Picard, et d'agréer l'assurance de mon respect.

Colonel comte DE MEFFRAY.

A M. ERNEST PICARD

Paris, 21 décembre 1870.

Monsieur le ministre,

J'espère que Votre Excellence a lu l'article du *Français,* reproduit par le *Temps,* d'hier soir.

Cet article, inspiré, sinon écrit, par le général Trochu,

m'a fait une peine horrible. Vous savez combien j'avais peu de confiance dans ce général, dont j'ai été à même de suivre la carrière depuis son début, puisque nous sommes du même âge, mais je le jugeais *beaucoup* moins sévèrement qu'il ne se juge lui-même dans cet article *fatal* pour lui.

Jamais l'infatuation de soi-même n'a aveuglé un homme à ce point-là, ou jamais personne n'a osé se moquer du sens commun d'une nation à ce point.

Je veux être aussi bref que possible ; avec vous un mot suffit pour faire comprendre une idée.

Il y aurait pourtant une jolie brochure à faire, en prenant phrase à phrase ce factum, plus valaque que français.

A quelque chose malheur est bon, et quel que soit le succès que *le hasard* donne désormais à M. Trochu, il ne saurait plus en recueillir ni gloire ni profit, car (et il nous l'a avoué lui-même) c'est le hasard qui a sauvé son armée en faisant échouer son plan.

De son avis même, c'est parce que non-seulement, dès le principe, son plan a avorté (par *une cause imprévue*), mais lui seul, parmi nous tous, hommes de guerre, ignorait les barrages faits par les Allemands sur la Marne, précisément dans le but de rendre difficile l'établissement des ponts de bateaux destinés à remplacer celui qu'il avait fait si absurdement sauter.

C'est donc non-seulement parce que son plan a avorté, mais c'est encore parce que n'en ayant pas même, après un premier insuccès, compris toute l'insanité, il a voulu le poursuivre, et qu'au lieu d'être victorieux il a été battu et repoussé, que son armée n'a pas été écrasée, et Paris et la France privés par là d'une aussi importante source de délivrance.

Ainsi la victoire, qu'il avait si *laborieusement* et si *lentement préparée,* nous menait à un désastre, à un nouveau Sedan, et nous ne devons notre salut qu'à son échec.

Quelle page dans l'histoire !

Et ce serait entre les mains si incapables de ce présomptueux et ambitieux dictateur que vous laisseriez plus longtemps les destinées de notre patrie !

Agréez, monsieur le ministre, l'assurance de mon respect.

Colonel comte DE MEFFRAY.

A M. ERNEST PICARD

13 décembre 1870.

Monsieur le ministre,

J'espère que Votre Excellence a très bien compris que je ne suis nullement *un ennemi* du général Trochu ; je lui reconnais des qualités ; il est en tête, qu'il y reste ; mais, quoi qu'il en pense, il n'est pas *un génie* capable à *lui seul* de sauver la France, il l'a prouvé aux plus faciles à s'illusionner, depuis les trois mois qu'il dirige la question militaire, question de vie ou de mort pour nous.

Le général peut nous être utile, mais il ne faut pas qu'il soit *dictateur*.

Il ne faut pas que dès qu'un général n'opine pas du bonnet et ne s'extasie pas devant chacun de ses mots, il soit mis à l'écart et tombe *en disgrâce*, comme les généraux Vinoy et Blanchard, dont l'avis au point de vue militaire a pourtant son *poids*, et dont l'influence sur les troupes n'est pas à dédaigner. Nous connaissons tous la valeur de ces généraux-là et de bien d'autres ; M. Trochu est seul à connaître la sienne, à laquelle je suis tout prêt à rendre justice, mais encore ! Il faut une preuve ; il ne l'a pas donnée en Orient alors que, sous le nom du maréchal Saint-Arnaud mourant, il commandait, ou plutôt dirigeait *tout seul*, comme toujours, et sans contrôle ; cette preuve, depuis trois mois qu'il est *dictateur*, il ne l'a pas donnée non plus.

Ceci ne veut pas dire qu'il n'a *rien* fait ; il a fait beaucoup, au contraire ; *il a permis* au bon sens patriotique du pays de s'organiser militairement; mais il aurait pu, ce me semble, lui faciliter cette voie plus qu'il ne l'a fait. Il aurait pu, surtout, *beaucoup* mieux profiter des circonstances, de la situation de l'armée ennemie, des fautes commises par ses généraux.

Je termine en vous exprimant de nouveau mon idée fixe.

Laissez au général Trochu le commandement en chef, mais faites-le assister d'un conseil de guerre, auquel assisteraient les membres du Gouvernement.

Le roi de Prusse et M. de Moltke nous donnent à ce sujet un exemple très bon à suivre.

Je suis tout prêt, si vous le voulez, à développer tout cela devant le conseil du Gouvernement, et à le discuter avec le général Trochu en votre présence. J'estime le général de bonne foi, la mienne ne saurait être suspectée, et ce ne seraient donc que les intérêts du pays qui seraient en jeu.

Agréez l'assurance de mon respect.

Colonel comte de MEFFRAY.

A MM. LES MEMBRES DU GOUVERNEMENT
DE LA DÉFENSE NATIONALE

NOTE

15 décembre 1870.

Le Gouvernement de la défense nationale est parfaitement accepté, et c'est là son seul droit d'existence ; mais si la défense du pays l'exige, il peut et doit se modifier.

Il avait à sauver la France de deux dangers, la révolution communiste à l'intérieur de Paris, et les Prussiens au dehors.

Le Gouvernement a triomphé de la révolution, et a acquis, par là, des droits réels et incontestés à la reconnaissance et à la confiance de tous les honnêtes gens.

Le général Trochu, après avoir exercé pendant trois longs

mois, et sans contrôle, la dictature militaire la plus absolue, n'a pas triomphé des Prussiens, et c'était le lot qu'il s'était fait attribuer. Au contraire, la position a empiré, Paris a vu ses approvisionnements diminuer, et le cercle qui *semble* l'entourer se renforcer de deux lignes d'investissement. L'armée a été un peu réorganisée, on a fabriqué des canons et des mitrailleuses moins qu'on aurait pu et dû en faire ; avec tout autre chef militaire, cela se serait fait de même et peut-être plus complètement et plus vite.

La France ne peut pas être sacrifiée à un homme. En présence de la situation actuelle, le devoir du gouvernement est tout tracé, il doit convoquer un grand conseil de guerre auquel seraient appelés *tous les* généraux présents à Paris. Les plans de guerre y seraient tous discutés et développés ; celui du général Trochu (s'il en a un) le premier.

Ce grand conseil n'aurait que voix consultative. Le Gouvernement, éclairé par les discussions auxquelles il aurait assisté et pris part, déciderait ensuite, et choisirait le plan de campagne qu'il lui conviendrait d'adopter, et pourrait en confier l'exécution soit à son président, soit à tout général.

Le général Trochu pourrait, en tout cas, rester gouverneur de Paris, comme le général Coffinières était gouverneur de Metz. Les troupes, en dehors de l'enceinte, pourraient être sous les ordres d'un général en chef autre que lui. La confiance que l'armée et Paris semble avoir encore pour le général Trochu est toute superficielle et factice, on cherche à se persuader qu'on a confiance, mais au fond cette confiance n'existe chez personne. Voilà la vérité ! Dans une situation aussi grave, chaque question capitale doit être envisagée à *tous* les points de vue, même aux plus improbables, aux plus fâcheux.

Supposons donc, pour un instant, que le général Trochu ait rêvé le bâton de maréchal, ou celui de connétable ; n'aurait-il pas pu trouver que le moyen le plus sûr et le plus prompt pour lui de l'obtenir serait *de laisser les Prussiens nous ramener les d'Orléans? Le comte de Paris est par sa mère, la princesse Hélène de Mecklembourg, un peu parent du roi de Prusse!!!* Si tel est, par impossible, son plan, que pourrait-il faire de mieux, pour le faire réussir, que ce qu'il fait depuis trois mois : laisser Paris consommer ses vivres, pour calmer l'impatience des troupes et de la population ; pour ne pas trop trahir son jeu, faciliter quelques grandes sorties, sans but, qui n'aboutissent à rien et ne pouvaient aboutir à rien ?

Un grand conseil de guerre éluciderait singulièrement cette question !

Le conseil devrait être réuni *au ministère de la guerre,* et siéger plusieurs jours de suite si cela est nécessaire. Il faut espérer, pour l'honneur de l'humanité, que cette supposition est toute gratuite et erronée, mais si le général Trochu est réellement un honnête homme et un homme d'honneur, ne doit-il pas s'estimer heureux de pouvoir s'appuyer sur l'avis d'hommes compétents, et si son plan (*s'il a un plan avouable*) est approuvé par le conseil de guerre, quelle force n'y puisera-t-il pas ? En tout cas, combien sa responsabilité (même vis-à-vis de lui-même), ne se trouvera-t-elle pas diminuée ! ! !

Le prétexte du secret à garder sur les opérations n'est qu'un enfantillage, qu'un manteau qui peut *tout* couvrir.

Prenons garde de ne nous décider à ouvrir les yeux qu'alors qu'*il serait trop tard ! ! !*

Colonel comte DE MEFFRAY.

A M. ERNEST PICARD

Paris, 15 décembre 1870.

Monsieur le ministre,

La science militaire ne consiste pas seulement, comme, hélas! on le croit et le pratique trop généralement chez nous, à savoir faire manœuvrer des troupes, à les organiser plus ou moins bien, etc. A ce compte-là, il serait facile d'être un grand général.

Il ne suffit même pas de posséder la théorie de son pays, il faut aussi, comme je vous disais l'autre soir, connaître celle de l'ennemi que l'on a à combattre, le caractère de son armée et, si c'est possible, celui individuel de ses chefs.

Quant à moi, après avoir étudié la théorie de notre armée (la langue allemande m'étant aussi familière que la française), j'ai étudié, en Allemagne même, la théorie allemande, et la connais donc dans tous ses détails et dans son esprit.

Je vous adresse le rapport que Votre Excellence m'a demandé hier soir, et le fait précéder de ce court préambule, afin de lui donner plus de poids dans votre esprit. J'y joins un second rapport, mais celui-là je le signe et prie Votre Excellence de vouloir bien le communiquer à M. Jules Favre, ainsi qu'à toute personne dans l'honneur, l'intelligence et le vrai patriotisme de laquelle vous auriez confiance.

Je n'aime ni l'ombre ni le mystère, et suis toujours prêt à accepter la responsabilité de mes actions.

Cela est si vrai, et j'ai encore un si grand désir de croire en la loyauté du général Trochu, que je serais heureux que Votre Excellence en donne lecture au général ; il serait, dans ce cas, le premier à me tendre la main et à me remercier d'une franchise qui lui aurait fourni l'occasion de se laver de tout soupçon.

Recevez, monsieur le ministre, l'assurance de mon respect.

Colonel comte DE MEFFRAY.

A M. ERNEST PICARD

Paris, 16 décembre 1870.

Monsieur le ministre,

Permettez-moi de vous envoyer un projet de décret dont vous apprécierez, j'en suis sûr, l'esprit patriotique ; que vous adopterez, je l'espère, en le complétant. Toute considération de personne doit disparaître devant un intérêt général aussi majeur.

Votre Excellence comprendra que le temps, l'espace, m'ont manqué pour lui développer mes idées, et que la crainte d'être importun m'a retenu aussi bien que la certitude d'être compris à demi mot.

Agréez, monsieur le ministre, l'assurance de mon respect.

Colonel comte DE MEFFRAY.

A M. JULES FAVRE

Paris, 16 décembre 1870.

Monsieur le ministre,

Les nouvelles que vous nous transmettez ce matin, par la voie du *Journal officiel*, me permettent de vous exprimer ma pensée plus franchement que je n'ai cru devoir le faire l'autre soir, et même *depuis*, dans *les notes* que j'ai adressées à M. E. Picard, avec prière de vous les communiquer.

J'ai trouvé dans l'ABSOLUTISME *de mon dévouement à la patrie* la force de ne pas craindre de vous laisser supposer qu'il y avait en moi un sentiment d'hostilité contre la personne du général Trochu, — alors que ce sentiment était bien loin de ma pensée.— J'estime profondément le général, mais je ne le crois pas un génie capable de nous sauver, à lui seul et par ses seules lumières.

Je crois le bien connaître et je redoute énormément son ambition et la confiance *exclusive qu'il a en lui-même*. Je ne me suis jamais fait d'illusions et n'ai jamais pensé que l'armée teutone, rendue disponible par la reddition de Metz, ne viendrait pas augmenter considérablement nos embarras. Ce qui s'est produit vers Orléans, Rouen et Amiens, ne m'a donc nullement surpris ni découragé.

S. Exc. M. Picard peut, au contraire, vous dire que sans rien savoir, *avant-hier soir*, je voyais notre position de province telle que vous nous l'annoncez ce matin, difficile, non désespérée, bien loin de là.

Mais il nous faut de l'énergie.

Permettez-moi, après vous avoir *indiqué* une idée, *de conclure*.

Maîtres de la situation au 4 septembre, vous avez *admis* parmi vous M. le général Trochu ; préoccupés à juste titre de la défense de Paris, *vous* l'avez nommé président du Gouvernement, gouverneur de Paris ; c'était des opérations militaires à Paris et autour de Paris que dépendait le salut de la capitale et, on le croyait alors, de la France ; vous lui avez en conséquence laissé, avec une bonne foi, une confiance et une loyauté scrupuleuse, exercer, pendant trois mois, une dictature militaire absolue, dont les conséquences, que ce soit *sa faute ou non, sont bien fâcheuses* pour nous et, en tout cas, bien éloignées de ce que vous attendiez des assurances qu'il *vous* et *nous* avait données!!! La question s'est élargie ; il ne s'agit plus d'une action isolée de Paris, se reliant, *si* faire se peut, avec les secours de province.

Il s'agit d'un plan de campagne fixe dans son ensemble, variable dans ses détails, mais homogène, mûrement élaboré et dans lequel la moindre part possible doit être laissée au hasard.

En conséquence et sans autre titre ou droit que celui que donne un amour sincère pour son pays et une confiance complète dans le dévouement des membres du Gouvernement, je viens demander à Votre Excellence de me permettre de lui formuler (comme si j'étais ministre, parce que c'est le mode le plus laconique d'exprimer sa pensée) le décret suivant :

En présence des nouvelles graves, mais plutôt encourageantes qui nous parviennent de Tours, et nous montrent les populations de France animées des sentiments les plus patriotiques, l'armée de la Loire fortement constituée, bien pourvue d'artillerie, ayant donné la main à l'armée de l'Ouest, etc., etc. ; — l'armée du Nord contraignant le général de Manteufel à se replier sur Rouen, c'est-à-dire sur Paris : considérant qu'un plan d'ensemble est nécessaire pour que tous les efforts pour la délivrance du pays s'accordent parfaitement entre eux,

Le Gouvernement de la défense nationale décrète :

1º Il est institué à Paris un Conseil de guerre, dit de la défense nationale ;

2º Le Conseil sera composé des membres du Gouvernement, de tous les généraux de division présents à Paris ou dans le rayon d'investissement, ainsi que de tous ceux qui pourraient venir de la province ;

3º Le Conseil sera présidé par le général de division le plus ancien, sans acception de son commandement ;

4º Le Conseil siégera au ministère de la guerre et se réunira trois fois par semaine : les dimanche, mardi et vendredi, plus souvent si cela devenait nécessaire.

5º Le président ou le vice-président du Gouvernement, ainsi que le président du Conseil de guerre peuvent, chacun, convoquer d'urgence la réunion dudit Conseil ;

6º Des événements de guerre, nécessitant la présence des généraux à leurs postes de combat, pourraient seules ajourner la réunion du Conseil ;

7° La première réunion dans laquelle le Conseil aura à se constituer, à nommer ses commissaires et secrétaires, aura lieu dimanche prochain, 18 novembre, à deux heures après midi.

Colonel comte DE MEFFRAY.

A M. ERNEST PICARD

16 novembre 1870.

Monsieur le ministre,

Je prie Votre Excellence de vouloir bien demander à M. Jules Favre de lui communiquer une note que je viens de lui adresser.

Ne vous laissez pas arrêter par de mesquines considérations de personnes, sauvez la France comme vous en avez pris l'engagement.

D'ailleurs, tout ce que demande cette note, c'est que plus de lumières soient appelées à sauver le pays.

La France a payé assez cher la lâcheté qui lui a fait supporter si longtemps un gouvernement personnel. Si dans les circonstances si graves que nous traversons, elle acceptait une dictature encore plus personnelle et qu'elle vienne à succomber, franchement, quelque douloureux que ce soit, elle n'aurait que ce qu'elle mérite.

Comment, toute l'intelligence militaire de la France est *condensée* en M. Trochu, tous nos autres généraux ne sont que des ânes pas même bons à consulter !!! et le mérite du général Trochu est si supérieur, si transcendant, qu'il ne jugerait pas un conseil de généraux capable de le comprendre et par conséquent d'en approuver l'excellence.

Votre Excellence me pardonnera de le prier de demander à son collègue, M. J. Favre, la note que je viens de lui envoyer (pour ne pas toujours *tomber* sur vous), au lieu de lui en avoir adressé une identique, mais ce sont de ces choses qu'on ne peut pas faire copier par un secrétaire, et j'avoue, franchement, que j'aime mieux affronter la mitraille huit jours de suite, que mon écritoire pendant une demi-heure.

Recevez, monsieur, l'assurance de mon respect et de mes meilleurs sentiments.

Usez de mon dévouement, je *puis servir* notre patrie, si l'on m'y aide.

Colonel comte de MEFFRAY.

A M. JULES FAVRE

17 novembre 1870.

Monsieur,

La dictature du général Trochu, son plan mystérieux, pouvaient sinon s'expliquer, du moins se tolérer, alors qu'à Paris se trouvait concentrée la défense de la France.

La France paie assez cher la lâcheté qui lui a fait supporter si longtemps un gouvernement personnel, et si, dans les graves circonstances actuelles, elle consentait encore à remettre ses destinées entre les mains d'*un seul*, et qu'elle vînt à succomber, ce ne serait que justice ! Les dernières nouvelles de province nous prouvent que la France est en armes, que la question s'est élargie, qu'il ne s'agit plus d'une action isolée de Paris. Ce qu'il *faut* maintenant, c'est un plan de campagne *fixe dans son ensemble*, variable dans ses détails, *groupant* les efforts isolés de nos différents corps d'armées vers un but déterminé, *les rendant homogènes*. Il y aurait *une grande présomption* de la part d'un seul homme de vouloir, à lui seul, former ce plan ; *grande imprudence et légèreté* à une nation de le *supporter*. Il me semble que, dans un moment où il n'y a pas d'Assemblée représentative, il est du devoir de la presse d'appeler l'attention du Gouvernement et du pays sur les idées qui lui paraissent justes et pratiques.

Je voudrais que le Gouvernement de la défense nationale *décrétât*, D'URGENCE, qu'il est institué à Paris un Conseil de guerre, dit de la défense nationale ;

Que ce Conseil fût composé des membres du Gouvernement, du ministre de la guerre, de tous les généraux de division présents à Paris ou autour de Paris, des chefs d'état-major, des généraux commandant en chef la deuxième et la troisième armée, ainsi que de tous les généraux qui pourraient accidentellement venir de province ;

Que ce Conseil fût présidé par le général de division le plus ancien en grade, sans acception de l'importance du commandement qu'il exerce en ce moment ;

Que le conseil siégeât les dimanches, mardis et vendredis, *au ministère de la guerre*.

Des événements de guerre retenant impérieusement les généraux à leurs postes de combat pourraient, seuls, donner lieu à un ajournement.

Le président du Gouvernement et le président du Conseil pourraient chacun convoquer la réunion du Conseil en séance extraordinaire lorsqu'ils le jugeraient utile.

Un grand Conseil de guerre permanent, avec attachés militaires de différents grades, décide de tous les mouvements de l'armée teutone. M. le comte de Moltke, malgré sa haute position et sa vieille expérience ; le roi Guillaume, malgré sa nullité ; le prince Frédérick-Charles, malgré son mérite militaire incontestable et son ambition démesurée, se soumettent également à ses décisions.

Benedeck avait son plan, il a perdu Sadowa et l'Autriche en même temps !!!

Colonel comte DE MEFFRAY.

A M. ERNEST PICARD

Paris, 21 décembre 1870.

Monsieur le ministre,

J'espère que Votre Excellence a lu l'article du *Français*, reproduit par le *Temps* d'hier soir.

Cet article *inspiré*, sinon *écrit* par le général Trochu, m'a fait une peine horrible.

Vous savez combien j'avais peu de confiance dans ce général, dont j'ai été à même de suivre la carrière, puisque nous sommes du même âge, cependant je le jugeais moins sévèrement qu'il ne se juge lui-même dans cet article, qui est sa condamnation.

Jamais l'infatuation de soi-même n'a aveuglé un homme à ce point, ou jamais personne n'a osé se moquer ainsi d'une nation tout entière !

Il serait pourtant curieux de relever, phrase à phrase, ce *factum* qui semble plus valaque que français.

Mais à quélque chose malheur est bon, et quel que soit le succès que *le hasard* donne désormais à M. Trochu, il ne saurait plus en recueillir ni gloire ni profit, car il nous le dit lui-même, c'est le *hasard seul* qui a sauvé son armée, en faisant échouer son plan.

S'il eût réussi, la victoire qu'il avait si *laborieusement* et si *lentement préparée* nous menait à un désastre, à un nouveau Sedan, c'est *lui qui nous le dit maintenant*, et c'est ce que *je disais*, moi, *le 29 novembre*. Quelle page dans l'histoire ! ! !

Et ce serait entre les mains si incapables de ce présomptueux et ambitieux autocrate, que vous laisseriez plus longtemps les destinées de notre patrie ! ! ! !

Agréez, monsieur le ministre, l'assurance de mon respect.

Colonel comte DE MEFFRAY.

A M. ERNEST PICARD

Paris, 22 décembre 1870, 8 heures soir.

Monsieur le ministre,

Je ne veux pas revenir toujours sur le même thème : deux mots encore sont cependant nécessaires ; de même que j'ai compris la *fausse* tactique du général Trochu, de même, soyez-en sûr, M. de Moltke l'a comprise aussi.

Nous allons donc voir se renouveler, sans de plus grands résultats, la seconde représentation de la sortie du 30 novembre.

Bien que cette fois un *heureux hasard* ne soit pas venu faire échouer le *plan* du général *dès le début*, hélas! nous n'y gagnerons rien !

Le 21, attaque *éparpillée* et poussée *moins loin* qu'on ne *pouvait* le faire *sur certains points*, et moins loin *sur certains autres*, où l'on aurait *pu* et dû le faire.

Le 22, *repos,* dont l'ennemi, qui est sûr de son affaire, profite pour amener des renforts.

Le 23 ou tout au plus le 24 (cela dépend de M. de Moltke), retraite *glorieuse et en bon ordre devant des forces de beaucoup supérieures.*

Colonel comte DE MEFFRAY.

A M. ERNEST PICARD

Paris, 25 décembre, cinq heures du soir.

Monsieur le ministre,

L'homme propose et le diable dispose.

Je ne voulais plus vous entretenir du même sujet. Mais, malade depuis quelques jours, aujourd'hui plusieurs personnes ont bien voulu me venir voir, et parmi elles des étrangers.

Hélas! monsieur le ministre, le général Trochu nous a fait perdre une grande bataille morale. Voici le résumé de l'opinion des gens les mieux placés et les plus intelligents :

« Vous voyez bien qu'il faut perdre tout espoir. L'esprit militaire est mort en France ; voyez votre général Trochu, il ne fait que bêtise sur bêtise ; chacune de ses sorties est une faute ou une suite de faute ; s'il eût poussé en avant, *à Champigny*, il perçait ; les Prussiens étaient coupés, *nous le savons par les Prussiens eux-mêmes. L'histoire n'offre pas d'exemple d'une* conduite militaire aussi stupide. » Voilà la conclusion !

Pauvre France !

On rit des bulletins du général Schmitz.

Premier bulletin.— Grâce à un contre-temps imprévu, qui a fait avorter le plan si laborieusement conçu et préparé par le général Trochu, l'armée française a perdu du monde pour rien, mais du moins elle n'a pas été écrasée, comme cela lui serait inévitablement arrivé si le général avait pu exécuter son plan.

Deuxième bulletin (21 décembre). — Les troupes se sont couvertes de gloire, le résultat est nul et ne pouvait être que nul, *le temps n'était* pas assez clair pour que nos artilleurs puissent bien pointer, aussi avons-nous brûlé beaucoup de munitions, sans résultat.

Troisième bulletin. — Les troupes supportent admirablement le froid, mais la terre y met de la mauvaise volonté, elle est devenue dure, et comme nous voulons faire des ouvrages, ces ouvrages *n'avancent pas.* Les Prussiens élèvent, en face de nous, d'immenses ouvrages qui *avancent avec une rapidité prodigieuse.*

En vous faisant grâce des remarques qui accompagnent ce jugement, voilà ce que pensent les étrangers.

Agréez, monsieur le ministre, l'assurance de mon respect.

Colonel comte DE MEFFRAY.

A M. ERNEST PICARD

Monsieur le ministre,

Les mêmes causes amènent les mêmes résultats. *Sed delenda est Cartago!!* Hélas! IL LE FAUT!!!! Je n'en veux ni à M. Trochu ni à M. Le Flô; mais j'aime la France *par-dessus* TOUT!!! *Et si vous ne nous débarrassez* DE SUITE *de ces deux personnages, Paris est perdu et la France bien malade.*

Le général Trochu est *convaincu* qu'*il* a *acquis une gloire* immortelle, *en faisant* que Paris ait résisté à *trois* mois d'un *investissement* qu'il appelle *siége !*

Cela lui suffit!!!! Vous n'en obtiendrez pas davantage. Vous voyez des inconvénients à modifier le Gouvernement dans ce moment; jusqu'à un certain point, je comprends vos scrupules, mais ces inconvénients sont plus imaginaires que réels.

De tout ceci, je ne voudrais pas que vous concluiez que je nous regarde comme perdus. Bien loin de là. J'ai bon espoir, SI vous mettez à la tête de la défense un général capablé et énergique; je *crois* que *Vinoy* serait ce qu'il faut; il s'est *toujours* montré au niveau de son devoir, a *toujours* et *partout* réussi; cependant, avant que vous ne décidiez rien, je voudrais que vous réunissiez un petit conseil, *bien secret,* composé de vous, M. Jules Favre, le général Vinoy et moi; je connais assez le général pour savoir, d'avance, qu'il vous abandonnera à tous deux les questions de politique, mais je trouve utile, pour la défense du pays, que, tout en gardant la réserve dont je ne dois pas m'écarter, j'amène le général à vous clairement démontrer le plan de guerre qu'il adoptera; si *vous n'avez pas, de province, de mauvaises nouvelles que nous ne con-naissons pas. Si* le *25* ou le *26* décembre, au plus tard,

M. Trochu n'est plus dictateur et M. Le Flô ministre de la guerre, Paris *peut et doit être sauvé*.

Je n'ose pas vous pousser aussi loin que je devrais.

Donnez-moi une heure, chaque jour, avec M. Jules Favre.

Le temps presse en raison directe de la diminution des vivres, et, à ce propos, arrêtez les réquisitions Ferry.

Recevez, monsieur le ministre, l'assurance de mon respect.

Colonel comte DE MEFFRAY.

A MM. LES MEMBRES DU GOUVERNEMENT

28 décembre 1870.

NOTE

Pour effectuer le bombardement de Paris, il faut non-seulement pouvoir occuper des positions qui permettent d'établir utilement des batteries (et ces positions sont défendues avec succès par les canons des forts), mais encore avoir un matériel de siége propre à ce bombardement.

Or, les canons Krupp, gros modèle, dont on annonçait l'arrivée à Versailles, Montretout, Meudon, etc., se trouvaient encore (s'ils existent) en Allemagne, au commencement du mois dernier.

Un matériel aussi considérable que celui que nécessiterait le transport des canons et des munitions qui leur sont nécessaires, ne se transporte pas aussi facilement qu'on le suppose généralement, surtout lorsque comme, dans le cas présent, il y a interruption de la voie ferrée sur un ou plusieurs points. Et ce n'est pas au moment où M. de Moltke voit la France se soulever, enfin s'entourer de *six cent mille hommes* marchant à la délivrance de Paris, qui contient elle-même *cinq cent mille* défenseurs, qu'il songerait à faire venir un matériel de siége aussi considérable, dont l'arrivée à destination n'est, elle-même, rien moins que sûre et qui, au premier revers, au premier mouvement de retraite, devrait être détruit ou tomberait entre nos mains.

Je ne le pense pas, et je tiens M. de Moltke pour trop habile général pour commettre une pareille faute.

Et voilà pourquoi Paris (selon moi) ne sera pas plus bombardé qu'il n'a été assiégé, c'est-à-dire sérieusement.

Nous nous sommes *crus* investis, mais je soutiens et soutiendrai toujours que nous ne l'avons jamais été *réellement*. *Toujours* nous avons pu forcer le *rideau* qui nous entourait ; c'est *l'incapacité militaire* du général Trochu qui a été la *seule et véritable ligne d'investissement*.

Colonel comte DE MEFFRAY.

A MM. LES MEMBRES DU GOUVERNEMENT

Paris, 31 décembre 1870.

NOTE

Dans le but d'économiser le temps si précieux des membres du Gouvernement qui veulent bien me permettre de leur communiquer mes idées, j'ai adopté le mode épistolaire.

Une lettre est bientôt lue, et rien n'oblige, aujourd'hui, à y répondre.

Si les idées émises dans la lettre sont approuvées, la défense nationale en profite ; en tout cas, il n'y a pas perte de temps en discussion, et le temps est précieux aujourd'hui, si tant est que nous ayons *encore du temps !*

Sans nécessiter une discussion, certaines propositions ont néanmoins besoin d'explications. — Exemple : Dans ma lettre d'hier soir, j'ai proposé la création d'un quatrième corps d'armée, à Paris, composé des gardes mobiles de toute provenance, placé sous le commandement en chef d'un général de division *énergique* et intelligent.

Cette proposition peut et doit soulever beaucoup d'objections, si elle n'est pas bien comprise.

Mais en voici l'explication sommaire.

Un général de division, commandant en chef les gardes mobiles, concentrerait entre ses mains l'administration et la direction de ces régiments ou bataillons (ce qui allégerait beaucoup la charge, déjà si lourde, des généraux commandant les corps d'armée), ceci n'empêcherait *nullement* que ces régiments ou bataillons ne soient distribués dans les divisions de l'armée active, suivant les besoins.

Mais le général qui les commanderait étant toujours au courant de la situation générale du corps et de toutes les parties qui le composent, pourrait plus *également* et plus *utilement* distribuer le service.

Il me semblerait utile, aussi, qu'on supprime les *brigades mixtes*, c'est-à-dire les brigades composées mi-partie ligne et mi-partie gardes mobiles, et qu'on les remplace par des divisions *mixtes*, c'est-à-dire une brigade de ligne, une brigade de mobiles.

Et voici une raison que je crois assez concluante pour dispenser d'en donner beaucoup d'autres de moindre valeur réelle, il est vrai, mais importantes aussi.

Dans un moment aussi grave, il faut faire vibrer toutes les cordes qui peuvent pousser les hommes en avant; or, dans une brigade mixte, l'émulation n'existe que de régiment à régiment; dans une division mixte, elle existe également de régiment à régiment, mais encore de *ligne à mobiles* et de *mobiles à mobiles*, ce qui ne saurait exister dans une brigade.

Les petites causes produisent, parfois, de grands effets, et *rien* n'est à négliger aujourd'hui.

Colonel comte DE MEFFRAY.

A M. JULES FAVRE

31 décembre 1870.

Monsieur le ministre,

Il ne fallait qu'une goutte d'eau pour faire déborder le verre. Le général Trochu vient, par sa malheureuse proclamation, de verser un seau d'eau ! En quoi Paris a-t-il mérité les reproches qu'il lui adresse si injustement ?

Paris veut à tout prix que le Gouvernement reste *uni;* mais en quoi la retraite du général Trochu porterait-elle atteinte à l'union du Gouvernement ? Le moment est solennel, suprême, ne comporte plus de nouvelles fautes stratégiques, surtout de celles aussi colossales que celles que commet ledit général, et qui nous poussent *fatalement à notre perte, quelle que soit l'union des membres du Gouvernement.*

Laissez au général Trochu la position que vous voudrez ; mais donnez à un général plus capable, plus énergique, moins phraseur, la direction des opérations militaires. Ce changement *imprévu* aura anssi l'avantage *important,* bien que secondaire, de dérouter les prévisions de l'ennemi, dont tous les plans sont actuellement basés sur la mollesse et le *manque* de tactique et de compréhension militaire qu'il a reconnu chez le commandant en chef qui, au lieu de *diriger la défense, règle la perte de Paris.*

Consultez nos généraux et voyez ce qu'ils pensent aujourd'hui.

Colonel comte DE MEFFRAY.

A M. ERNEST PICARD

Paris, 1er janvier 1871.

Monsieur le ministre,

La note du *Journal officiel* et les commentaires des journaux, ainsi que les on-dit, me font espérer que vous êtes parvenus à sauver la France et Paris.

Il est *bien tard, il n'y a plus une minute à perdre.*

Elle est rude, bien difficile, mais, par cela même, d'autant plus glorieuse, la tâche du général à qui vous donnerez la mission de réparer les immenses et désastreuses fautes commises par le général Trochu ; chaque heure, chaque jour qui s'écoule sans décision prise, sans action, en augmente les difficultés, en compromet le succès.

Vous avez admis mes idées ; bien plus, vous avez su les faire adopter par vos collègues, et vous voyez que, comme je vous le disais l'autre soir : *veuillez et vous pourrez !*

Eh bien, croyez moi, cette fois *hâtez-vous!!!*

Le général Trochu reste gouverneur de Paris, commandant en chef des troupes chargées de la défense de l'enceinte et des forts, *très bien !* Il sera, *je l'espère*, à la hauteur de ce rôle, *à la condition cependant* qu'il ait un peu moins de confiance dans les officiers de marine et un peu plus dans ceux du génie.

J'espère que ce sera Vinoy à qui vous conférerez le commandement en chef de l'armée d'évolution qui, entre ses mains, sera promptement l'armée de la *délivrance.*

Mais que ce soit Vinoy ou Ducrot.

S'il en est temps encore, nous serons sauvés.

La nouvelle seule de ce changement dans le commandement en chef de nos troupes troublera plus M. de Moltke que ne le ferait la nouvelle de la perte d'une bataille ! ! !

Colonel comte DE MEFFRAY.

NOTE POUR LE GOUVERNEMENT

2 janvier 1871.

Les illusions amènent les déceptions, et, comme dit le proverbe italien : « *Chi vive di speranza, disperato muore !* » La France et Paris n'en sont pas là, Dieu merci !

C'est, au contraire, la conscience de sa force, la certitude *indéfinie*, peut-être *pour lui-même*, mais certaine, bien qu'*inconsciente* pour beaucoup, qui a fait que Paris a accepté *sans examen* la situation telle qu'on lui disait qu'elle était, bien certain de pouvoir en sortir *dès qu'il le voudrait!*

Or, la situation vraie, la voici :

Paris n'a jamais été *investi* dans l'acception vraie du mot.

Encore moins *assiégé*.

M. de Moltke, général habile et instruit, n'a pas négligé ce principe fondamental de *toute instruction militaire :* qu'il faut, pour combattre avantageusement un ennemi, connaître autant que possible le caractère, l'individualité du chef militaire contre lequel il a à lutter.

Ce principe *admis* (et comme il est enseigné aussi bien dans les écoles militaires de France que dans celles du monde entier), il ne saurait être nié. Il suffit, *à lui seul*, pour nous donner la clef qui doit nous faire comprendre notre position et la situation de l'ennemi.

En effet, il est de science vulgaire de savoir qu'une armée assiégeante, pour venir à bout d'une place assiégée (*qui ne serait pas secourue* par une armée d'opération), doit être *au moins trois fois* plus nombreuse que les défenseurs de la place assiégée, et cette proportion doit être augmentée en raison directe de l'importance, de l'étendue de la place assiégée et du nombre plus considérable de ses défenseurs ; de telle sorte que, pour assiéger Paris, il eût fallu *au moins douze cent mille hommes*.

Il est de règle commune aussi que, dès le premier jour, les assiégés s'ingénient par tous les moyens possibles à entraver les travaux de siége de l'ennemi, à l'inquiéter par des sorties feintes ou réelles, mais en tout cas incessantes, multiples.

Les grandes sorties ne doivent être tentées qu'à coup presque sûr et en tout cas qu'avec un but bien défini, tel que l'occupation d'un point important qu'on est bien décidé à garder et, par conséquent, à fortifier de telle sorte qu'il nécessite pour lui seul un siége en règle pour retomber entre les mains de l'ennemi.

Chercher à entraver la marche de ses convois, les surprendre, les enlever, les détruire, c'est l'*a b c* du métier.

Je ne veux remonter ni à Freischwiller, ni à Sedan, ni à Metz. L'ennemi marche sur Paris, sur Paris isolé; la France est dans la stupeur, Paris ne peut compter que sur lui-même.

Paris se secoue, Paris trouve des ressources, des hommes, crée une armée, fond des canons, fabrique des fusils et des cartouches.

M. le général Trochu est à la tête du Gouvernement de la défense, il n'encourage *rien*, il règle et réglemente *tout;* il faudrait se presser, ce n'est pas dans son caractère; on perd un temps précieux, mais on a sauvé la règle, *la forme!*

Je ne veux pas faire la critique des deux sorties, M. Trochu nous a avoué lui-même que si la première n'avait pas échoué par un hasard imprévu et providentiel, notre armée était perdue. *Ab uno disce omnes!*

Un général à la tête de l'armée, et en avant!!

Paris sera sauvé! *Mais hâtons-nous!!!*

Colonel comte DE MEFFRAY.

A M. ERNEST PICARD

Mardi soir.

Monsieur,

Les circonstances (circonstances douloureuses et pénibles pour le moment, glorieuses bientôt *si* vous le voulez) nous ont mis en rapport.

J'ai mis entre vos mains ma vieille expérience militaire,

le fruit de mes études longues, prolongées et toujours con-
sciencieuses.

Vous m'avez écouté, vous avez fait adopter les idées que
je vous ai soumises ; mais, hélas! avec des restrictions qui
ne leur ont pas permis de produire tout leur effet.

La publicité des avis émis dans les conseils de guerre (en
dehors de ce que le Teuton doit ignorer), l'indépendance,
peut-être, des avis, etc., tout cela laisse à désirer.

Néanmoins, il y a un grand pas de fait, et *si* nous *avions
du temps*, tout finirait bien.

Mais, mais c'est le temps qui nous presse et nous force à
prendre d'énergiques résolutions.

Ce n'est pas le cas ici, mais il vaudrait cent fois mieux
être injuste envers un homme, que de laisser succomber
Paris pour ménager l'orgueil de cet homme, pour *respecter*
les services qu'il CROIT avoir rendus.

Tout pour la France.

Tout par la France.

Il serait *utile*, je crois, que je puisse voir *M. Ernest
Picard*. Le ministre verrait *après* ce qu'il a à faire.

Venez demain, monsieur, chez moi, donnez-moi une
heure de votre temps; quelque précieux qu'il soit, il ne sera
pas du temps perdu.

Chez vous, c'est toujours le ministre du Gouvernement ;
chez moi, ce sera M. E. Picard ; je pourrai plus librement
expliquer, développer ma pensée, et notre entretien reste
secret et vous laisse toute liberté.

Venez, monsieur, je vous le demande au nom de la
France que *nous pourrons sauver*, si vous avez l'énergie
de *le vouloir*.

Mais il faut se hâter !!!

Colonel comte DE MEFFRAY.

POST-SCRIPTUM

Hâtons-nous !

Si l'armée assiégeante s'est portée au secours des armées
envahissantes, écrasons ce qui reste auprès de nous ; et voici
la vérité : Que le thermomètre ne nous arréte pas!

Si elle est restée devant nous, et ses canonnades nous
prouvent qu'elles sont, en grande partie, dejà bien loin de
nous, forçons le blocus que *M. Trochu* et non M. de Moltke
nous a signifié.

Ce soi-disant blocus *est ridicule,* et ce qui tue le mieux
en France, c'est le ridicule.

En avant! en avant!

Non par masses, mais en avant partout ; nous avons le
rayon, nos ennemis la circonférence, *s'ils l'ont.* Rayonnons
et soyons prêts en deux heures à percer partout.

Colonel comte DE MEFFRAY.

A M. ENEST PICARD

5 janvier 1871.

Monsieur le ministre,

Je vous remercie de votre petit mot de ce matin et re-
grette bien vivement de ne pas vous voir. On peut ce qu'on
veut, et avec votre esprit et votre position actuelle, vous
pourriez beaucoup pour le salut de la France.

Je ne partage pas l'opinion générale, au sujet du *soi-
disant* bombardement ; cela couvre, soit une retraite de
l'ennemi, soit des mouvements de troupes considérables,
qu'il aurait envoyées au secours de ses armées de province
et dont il veut nous empêcher de nous apercevoir, afin que
nous n'en profitions pas (pour rompre le *fantôme* de blocus
dont il a persuadé le général Trochu que nous étions en-

tourés), en occupant *une* ou *deux positions*, que nous *garderions cette fois*, et ne permettrait plus, quoi qu'il arrive, de nous investir de nouveau, ni même d'en faire le simulacre.

Un mot encore *échappé, hier,* aux Américains :

« *Trochu se laisse prendre aux fausses batteries des Prussiens, qui en rient joliment.* »

C'est plus vrai qu'on ne le croit, car, *matériellement parlant*, les batteries prussiennes ne sont pas *si* complètement *fausses,* qu'elles n'envoient, chaque jour, quelques milliers d'obus *plus* ou *moins inoffensifs;* mais ce n'est pas un bombardement. C'est tout cela que je voudrais vous *expliquer,* vous le comprendriez *de suite* et, avec votre esprit, votre éloquence, vous le feriez comprendre à vos collègues du Gouvernement.

Paris, la France seraient sauvés.

Veuillez, monsieur ; songez que ce qui est vrai aujourd'hui peut être faux demain.

Malheureusement je suis trop malade pour sortir en ce moment, mais *venez.*

Usez de ma vieille expérience militaire, servez-vous-en dans les conseils du Gouvernement, d'où dépend le salut de notre patrie.

Recevez, monsieur, l'assurance de mon respect et de ma meilleure considération.

Colonel comte DE MEFFRAY.

A MM. J. FAVRE ET E. PICARD

Paris, 7 janvier 1871.

Monsieur le ministre,

Il ne nous reste qu'à courber la tête devant l'immense malheur qui nous frappe ; il est si évident pour *tout le monde* que notre chance de salut serait dans la nomination d'un général appelé au commandement de l'armée d'opération, que nous tous, les honnêtes gens, toute l'armée et jusqu'aux derniers bas-fonds des égouts de Belleville, *tous* se trouvent d'accord pour demander au Gouvernement de prendre cette décision, avant qu'il ne soit trop tard.

Il y a plus d'un mois que je travaille à vous faire comprendre, *à vous Gouvernement de la défense,* que loin de vous affaiblir, vous vous sauveriez et nous sauveriez du même coup, si, laissant au général Trochu le commandant de l'armée *de Paris,* en le laissant gouverneur président du Gouvernement, vous confiez à un autre général le commandement et la conduite de la forte et puissante armée qui reste inutile et immobile entre ses mains.

Si, malgré le manque *absolu* de concours que trouvent nos généraux de province, l'un d'eux parvient, *malgré* l'inepte inaction du général Trochu, à forcer les lignes prussiennes, à entrer dans l'enceinte du blocus *fictif,* croyez-vous qu'il mettra son armée et lui-même sous les ordres de ce phraseur et pédant pédagogue? Vous ne le pensez pas, et cela ne saurait être.

Eh bien, vous avez entre les mains, tout arrivée, tout organisée, certes assez reposée, puisqu'elle n'a rien fait, grâce aux fluctuations du *baromètre* et du *thermomètre,* une armée au moins aussi considérable qu'aucune qu puisse nous rejoindre, et nous la laissons immobile, se chauffant les pieds crainte des engelures !

Colonel comte DE MEFFRAY.

A M. ERNEST PICARD

Samedi soir.

Monsieur,

Généraux très désunis, très découragés. Ils disent qu'appeler un nouveau médecin alors que le malade est à la mort ne mène à rien, et que nul bon médecin ne veut assumer une responsabilité qui ne lui incombe pas; que c'est à celui qui, dès le principe, a, avec tant d'assur?nce, entrepris de tout conduire, à poursuivre sa tâche jusqu'au bout. Il y avait deux armées, le général Trochu les a prises en main et les a dispersées de telle sorte qu'il n'y en a plus aucune, et qu'avant de rien entreprendre *il faut en organiser une* au moins. Et qui le pourrait?

Plus d'entente entre les chefs, les officiers écœurés, la *discipline nulle*, le moral des troupes détestable, etc., etc.

J'ai vainement combattu ces idées si sombres, mais, hélas! si justes. J'ai énergiquement soutenu qu'en trois jours je me faisais fort d'avoir réorganisé une armée de cent mille hommes, sans m'occuper des cinquante-trois mille malades ou blessés qui sont le résultat le plus palpable des habiles opérations de M. Trochu.

Vous comprenez, par ce qui précède, le sens de mes conversations *militaires* de cette après-dînée.

Un de nos forts du sud a *beaucoup souffert*!!

D'un autre côté, je crois que le *dictateur* a reçu de *très bonnes nouvelles de province*, on espère qu'*il daignera* en faire part *au moins d'une partie* à ses très humbles collègues du gouvernement.

On doit venir me le dire ce soir.

Dieu veuille qu'*on* vienne.

Recevez, monsieur, l'assurance de toute ma considération.

Colonel comte DE MEFFRAY.

Il y aurait peut-être un article à faire *faire*, dès *demain*, sur *l'irresponsabilité* pour le général qui, dans les conditions actuelles, entreprendrait de nous sauver, s'il ne réussissait pas; sur la gloire qui lui reviendrait, s'il nous sauvait.

RAPPORT

Elles sont enfin arrivées ces nouvelles de province, que nous attendions avec une si juste et si fébrile impatience.

Mais combien elles diffèrent de ce que notre imagination nous représentait !

Elles ne nous annoncent aucune grande victoire, ni de Chanzy, ni de Bourbaki ; Faidherbe, seul, semble avoir remporté un avantage sérieux à Bapeaume. Et pourtant les nouvelles sont encore plus *sérieusement meilleures*.

La *Gazette de la Croix* avouerait que les corps d'armée des généraux Bourbaki, Bressoles et Crémer auraient opéré leur jonction dans l'Est, et cela, dans les meilleures conditions.

Si Faidherbe et ces généraux, changeant d'objectif, négligeant Paris, capable, grâce aux incompréhensibles fautes du général Trochu, capable, tout au plus, de se défendre lui-même, mais incapable maintenant d'aider à la défense de la France, de porter aucune aide, aucun secours aux armées de province, incapable même, aujourd'hui, de contraindre l'ennemi à rester en forces devant les forts ; si, dis-je, négligeant Paris, nos généraux manœuvrent de façon à se placer en force sur la ligne de retraite de l'ennemi, la fin de la guerre est proche, l'issue certaine. Paris succombera ou ne succombera pas, question de sacs de blé, mais la France est sauvée et l'Allemagne écrasée.

Mais, même dans ce cas, Paris aussi serait sauvé, car M. de Moltke est un vrai et brave général, et il ne sacrifiera pas son armée tout entière au brutal et sauvage entêtement de M. de Bismark.

Qui sait ? Puisque, grâce au général Trochu, nos troupes ne sont plus bonnes, même à pousser des reconnaissances qui nous fassent connaître ce que fait l'ennemi ;

Qui sait si ce brutal et infâme bombardement dirigé sur la ville, sur les femmes, les vieillards et les enfants, puisque les hommes valides sont aux remparts, ne cache pas la retraite de l'ennemi? Qui sait si nous n'allons pas un de ces jours, demain peut-être, apprendre tout à coup que Paris est débloqué, que les Vandales qui l'entourent ont repris le chemin de leurs forêts? Quel temple magnifique, s'il n'est le plus ingrat des hommes, le général Trochu devra élever au dieu Hasard, qui aura donné une si grande preuve d'une incommensurable puissance!

Car il était impossible de perdre, plus consciencieusement que ne l'a fait ledit général, une bien belle partie. Le calme, le courage, la résignation dont Paris a fait preuve, permettaient de tout entreprendre, et au lieu de cela on n'a rien fait. Pardon, on a laissé l'ennemi établir, quand, où et comme il l'a voulu, de formidables batteries à 1,200 mètres de nos forts.

Après avoir laissé se former une armée, on l'a désorganisée à plaisir; par des sorties maladroitement conçues et plus maladroitement conduites, on l'a découragée, démoralisée, les hommes sont sans discipline, les officiers écœurés, les généraux désunis, mécontents, abattus, honteux du rôle que leur dévouement à la patrie les contraint à accepter.

Colonel comte DE MEFFRAY.

RAPPORT

Au début du siége de Paris, alors que la province semblait indifférente, M. le général Trochu a eu confiance dans l'esprit de Paris, et, tout en sauvegardant les formes de l'ancienne routine, il n'a pas trop entravé l'élan de la population.

Les fortifications ont été complétées et perfectionnées, les portes ont été mis en état de défense.

Une certaine activité a été donnée à la fabrication des cartouches.

Malgré certaines entraves *regrettables,* une artillerie, nouveau modèle, a commencé à être prête à entrer en ligne.

Son plan semblait, alors, comprendre deux objectifs différents, répondant aux deux dangers qui nous menaçaient, l'un le salut de Paris, l'autre celui de la France.

Paris lui parut bien vite à l'abri d'une attaque directe et efficace (et il avait raison).

La France était plus compromise, à ses yeux, et il comptait, prenant pour base l'armée que le général Vinoy avait si habilement ramenée de Mézières, organiser une nouvelle armée assez nombreuse pour lui permettre de forcer les lignes prussiennes, et d'aller à la tête de cette armée réveiller le patriotisme des provinces.

Président du Gouvernement de la défense nationale, commandant en chef des armées françaises, c'était, après le succès ou jusqu'à un désastre, la dictature.

Mais M. Gambetta l'avait prévenu en province ; M. Gambetta avait réveillé la France.

M. Gambetta y avait et y garderait la première place.

D'où la résolution, *bien arrêtée,* de ne plus sortir de Paris.

Vu le caractère du général, cela se comprend, c'est logique.

M. le général Trochu renonçait donc à aller soulever les provinces, qui se soulevaient et s'organisaient fort bien sans lui. Il restait maître de se servir, dans un but unique, de l'armée et des ressources de Paris, qu'il ne devait pas laisser investir, mais, qu'une fois investi, il devait aussitôt débloquer.

Jamais, à aucun moment, les Allemands n'ont eu plus de *trois cent mille* hommes autour de Paris, qui, bons, médiocres et mauvais, compte *cinq cent mille* défenseurs ! En remontant dans l'histoire jusqu'au siége de Troie (qui est, je crois, le premier siége connu), on n'a *jamais, mais jamais vu* les assiégés laisser les assiégeants venir s'éta-

blir autour d'eux, où et comme bon leur semble ! Aujour-
d'hui, nous voyons les batteries prussiennes dressées à
1,200 mètres de nos forts ! ! !

Cela ne pouvait être attribué à la supériorité de portée des
canons Krupp. A cette distance et même au delà, tous les
canons se valent, ou à peu près !

Voulait-il aller soulever la province, y assurer sa dictature?
Il fallait organiser une armée au plus vite, traverser les
lignes ennemies, exécuter, par conséquent, une grande
sortie.

Mais du moment que cet objectif était abandonné, toute
grande sortie, sans autre but certain et bien défini, était une
faute. Ah ! si l'on avait voulu profiter de la Seine, cette
grande voie de communication avec le monde entier, que la
nature nous a donnée ; si l'on avait voulu nous en maintenir
l'usage libre, et c'était facile au début, ou si après on eût
voulu nous la rendre, et *c'était possible,* c'eût été diffé-
rent.

Le seul point sur lequel jamais jusqu'ici une sortie aurait
dû être évitée, grande ou petite, à moins que ce ne fût exclu-
sivement pour empêcher l'ennemi d'établir des ouvrages
trop près de nos défenses, était l'Est. Il ne faut pas, à moins
de se sentir bien fort, acculer le sanglier dans sa bauge, et
nous n'avons pas encore, hélas ! été un seul jour assez
victorieux, assez puissants, assez maîtres de la situation
pour pouvoir tenter, avec quelque chance de succès, *d'écraser* l'ennemi sous nos murs ; heureux si nous avions pu l'en
éloigner, chercher à l'écraser au loin, et il y a loin de Paris
au Rhin. Il fallait donc respecter la tête de sa ligne de
retraite, car, comme c'est pour lui une question non pas de
victoire ou de défaite, mais de vie ou de mort, il était certain
que ces positions seraient défendues à outrance, tant qu'il
resterait un Allemand qui pût encore combattre.

Il est superflu de faire ressortir les fautes de la seconde
sortie, de ces attaques éparpillées, sans un objectif défini,

sans qu'aucune d'elles, même heureuse, ait été poussée à fond ; de ce Bourget, sur lequel un officier (de marine, il est vrai) lance des colonnes d'attaque, sans que l'artillerie ait seulement ouvert la voie ; les fautes ont été si palpables qu'elles ont sauté, dès le jour même, aux yeux de tout le monde.

Mais ce qui est bien plus grave et ce que le Gouvernement et nous, militaires, sommes, je l'espère, les seuls à savoir, c'est la démoralisation, l'indiscipline que tout cela a amené dans la troupe, l'écœurement des officiers, le désaccord et les susceptibilités entre les généraux, même entre les meilleurs.

De toutes ces immenses fautes, la plus sérieuse, dans ses conséquences, celle qu'il est le plus difficile de réparer et celle qui a fait qu'on a, pour des motifs que je ne veux ni qualifier ni indiquer, désorganisé, démembré l'armée du général Vinoy.

. . . . Dans ces conditions, que faire aujourd'hui ?

Une grande sortie serait aussi inutile, comme résultat, qu'impossible comme exécution. Avec quelles troupes la ferait-on ?

Puisque nous ne savons ni nous servir des espions ni faire faire des reconnaissances qui nous tiennent au courant de la situation de l'ennemi, et que nous en sommes réduits aux conjectures, sans rien pouvoir affirmer, voici ce qui me semble probable :

Je pense que sur les deux cent cinquante mille hommes qui pouvaient être autour de Paris, il y a de trente à trente-cinq mille hommes blessés, malades, etc.; quatre-vingt-dix mille hommes ont été détachés au secours des armées de province. Donc il n'y aurait plus aujourd'hui que cent vingt-cinq ou cent trente mille hommes autour de nous. Je les crois ainsi répartis :

<table>
<tr><td>Versailles....................</td><td>15,000</td><td rowspan="9" style="writing-mode: vertical-rl;">MAXIMUM.</td></tr>
<tr><td>Marly, Bougival, Bergerie.....</td><td>30,000</td></tr>
<tr><td>Orgemont, Sannois, etc........</td><td>15,000</td></tr>
<tr><td>Saint-Gratien, Montmorency, etc.</td><td>6,000</td></tr>
<tr><td>Gonesse, Pont-Iblon, Bondy....</td><td>30,000</td></tr>
<tr><td>Chelles ....</td><td>12,000</td></tr>
<tr><td>De Chelles à Choisy-le-Roi par Montmesly................</td><td>15,000</td></tr>
<tr><td>Sur notre front sud, de Choisy à Versailles................</td><td>20,000</td></tr>
</table>

Mais si je connais bien M. de Moltke, je crois que sous peu de jours il aura rappelé auprès de lui l'armée ou les débris de l'armée du prince Charles, et peut-être aussi celles de Thann et de Menteuffel. Je crains un *coup de rage* de sa part. Les vivres et les munitions deviennent rares au camp prussien ; la retraite peut être compromise ; il abandonnera la province, il pourra vouloir brûler et piller Paris, avant de remmener ses hordes dans leurs forêts.

Hâtons-nous donc, s'il n'est pas déjà trop tard, de nous garantir.

Vraies ou fausses, nos attaques ne peuvent pas rencontrer devant elles plus de vingt à trente mille hommes, et, sauf vers l'est, elles ne les trouveront nulle part.

Ce sont les positions qui menacent notre front sud dont il faut nous emparer et ensuite occuper solidement.

Mais comme on a laissé les Prussiens établir leurs batteries à *2,100 mètres* des forts, on n'a plus la possibilité (eût-on des troupes qui voulussent marcher) de former les colonnes d'attaque.

Une attaque directe n'est donc pas possible.

On peut, par des attaques simulées et aussi vigoureusement conduites que possible, attirer les forces volantes de l'ennemi sur un ou deux points différents (Argenteuil et le Bourget, par exemple), puis, dirigeant toutes ses forces sur Meudon, balayer en passant, avec l'aide du Mont-Valérien,

Saint-Cloud et Sèvres, et prendre alors Clamart, Châtillon, etc., à revers.

Aussitôt ces positions enlevées, les couvrir de nombreuses brigades d'ouvriers civils, préparées à l'avance, qui, sous la conduite et la direction des ingénieurs ou d'officiers du génie, retourneraient les ouvrages ennemis et les fortifieraient autant que possible, mais avec grande hâte.

Dans la situation actuelle, après tant de fautes commises, voilà, je crois, tout ce qu'il est possible de faire, mais encore faut-il se hâter, se hâter beaucoup.

Chanzy et Faidherbe suivront les Allemands, c'est vrai, mais avec quel intervalle ! Si Bourbaki menace sérieusement leur ligne de retraite, ce serait là la plus belle carte de notre jeu.

Colonel comte DE MEFFRAY.

Paris, 1er janvier 1871.

A M. ERNEST PICARD

Paris, 17 janvier 1871.

Mon cher monsieur Picard,

Appelez-moi ou venez me voir *aujourd'hui*. Je vous le demande au nom de notre salut.

Je vois des préparatifs d'attaque *dans la direction que j'ai indiquée ; mais, dans cette direction*, une action mal combinée ou mal conduite, *c'est notre perte !*

Bien *conçue* et bien *exécutée*, c'est notre salut IMMÉDIAT ! Songez que, dans toutes les guerres que la France a eu à soutenir contre l'Allemagne, celle-ci a *toujours* eu l'avantage, *au début*, parce que c'est *toujours* elle qui a usé la première de procédés nouveaux. C'est l'Allemagne qui, la première, a usé des baguettes en fer pour la charge des fusils ; c'est Frédéric-le-Grand qui a introduit la tactique suivie jusqu'à aujourd'hui. C'est M. de Moltke qui a introduit et se sert, *seul jusqu'ici*, d'une tactique toute nouvelle, qui est la conséquence naturelle des canons et fusils à longue portée. M. Trochu *est resté de l'école ancienne,* il ne comprend rien à tout cela; de la meilleure foi du monde, il *vous perd tous,* et risque de *nous perdre,* du même coup. Aux grands maux les grands remèdes ! Qu'il reste gouverneur de Paris ou non, c'est parfaitement égal : mais il faut *un ministre de la guerre* et *un général* à la *tête de l'armée active,* et cela, non pas *demain,* mais *aujourd'hui.*

Il *faut* que nous causions; c'est votre avis, n'est-ce pas?

Tout à vous.

Colonel comte DE MEFFRAY.

A M. ERNEST PICARD

Mercredi soir.

Monsieur le ministre,

J'ai l'honneur de vousre mercier de votre petit mot de ce soir.

Enfin, courbons la tête, *s'il le faut;* mais c'est dur, alors qu'on a encore dans les veines du sang qu'on ne demande qu'à verser pour sa patrie; alors que votre intelligence et votre vieille expérience militaire vous font voir clairement les fautes qui se commettent et que l'on pourrait PEUT-ÊTRE réparer.

Ce rôle de victime résignée, qui n'attend son salut *que des autres,* alors qu'on sent qu'on pourrait ne le devoir qu'à soi-même, *est bien dur.* Vous le comprenez comme moi, j'en suis sûr.

Alea jactà est ! soit; mais tant pis.

C'est la ressource des esprits faibles.

Un homme d'énergie et d'intelligence *force le hasard,* mais ne s'en rapporte pas à lui. *Faites-moi donner les corps francs; je serai tué, mais* PARIS SERA SAUVÉ.

Colonel comte DE MEFFRAY.

A M. ERNEST PICARD

20 janvier, 9 h. soir.

Monsieur le ministre,

Vous m'avez laissé dans une bien douloureuse anxiété ; pas de nouvelles, aucun coup de canon ne venant me rien dire.

J'ai questionné les nombreux rentrants à Paris, *tous assurent* que nous avons conservé *Montretout, Fouilleuse,* et que nous sommes *maîtres de la Bergerie.*

Le général Trochu dit le contraire, dans sa dépêche de 9 h. 30 m. du matin (la dernière dont il nous honore), il déclare *tout perdu ;* nous n'avons, suivant sa coutume, qu'à *humblement* demander aux Allemands de vouloir bien nous accorder un armistice. A son incapacité vient-il se joindre de la *folie ?* car l'honorabilité de son caractère ne me permet pas de supposer une *trahison,* et pourtant ! ! !

Résumons : il a trouvé à la fin de la journée d'hier une nombreuse artillerie, il devait s'y attendre, et tant que les Prussiens seront autour de Paris, on en trouvera au bout de quelques heures de combat, *toujours* et partout *tout autant.*

D'abord, leur artillerie est très nombreuse, en second lieu, leur chemin de fer circulaire leur permet de la transporter très promptement d'un point sur un autre.

Je reste convaincu, qu'en dehors de l'artillerie, M. Trochu n'a, *à aucun moment,* eu *quarante mille hommes* devant lui.

Une autre conviction que je dois vous communiquer, est que, malgré son incapacité, malgré la grosse faute du général Ducrot (faute excusable peut-être, et dont un général en chef eût pu et dû atténuer l'importance, en retardant d'une heure les autres attaques), malgré l'incapacité, dis-je, du général Trochu, notre position est beaucoup moins mauvaise qu'il ne la voit *ou ne nous la montre*. Ne lui laissez pas faire comme sur la Marne, comme à Avron.

Ici, la question et la situation sont tout autres ; *ici*, nous *devons être des boule-dogues*, nous ne devons, *à aucun prix*, lâcher le morceau.

Montretout bien occupé est imprenable par les Prussiens, grâce à sa position, grâce au Mont-Valérien ; bien armé, il paralyse *Meudon*, qu'il rend intenable à l'ennemi. Meudon est une petite clef de Clamart, qui est lui-même une des grandes clefs du plateau de Châtillon.

Sed delenda est Cartago!!

Puisque je ne puis pas développer mes idées à vos collègues, soyez mon éloquent interprète et croyez, monsieur le ministre, à mes sentiments de haute considération.

Colonel comte DE MEFFRAY.

___

Tout est perdu, fors l'honneur.

A M. ERNEST PICARD

24 janvier 1871.

Monsieur le ministre,

Mieux vaut tard que jamais, dit-on. Hélas! il est trop tard cette fois.

La faiblesse de vos collègues et la présomptueuse impéritie de M. Trochu nous ont perdus.

Oui, tout est perdu, fors l'honneur.

Il n'y a pas de honte pour une nation à avoir été jetée dans une guerre aussi sérieuse, alors qu'elle n'y était pas préparée, et d'avoir été écrasée, alors que, par une complication inouïe de fatalité, sa défense s'est trouvée confiée à un Le Bœuf et à un Trochu.

Certes, les Allemands doivent être bien heureux de leurs succès inespérés par eux-mêmes, sans précédents dans l'histoire ; mais je leur défie bien d'en être fiers.

C'est au moment où ils viennent de terminer les gigantesques préparatifs de guerre auxquels ils travaillent depuis tant d'années, qu'on les provoque avec une armée de trois ou quatre cent mille hommes, qui n'a rien derrière elle, ni réserve, nid épôt, ni approvisionnements, *rien, rien.* L'histoire le dira et les générations futures refuseront d'y croire.

Ils envahissent la France avec plus d'un million d'hommes, et c'est sous la pointe de leurs baïonnettes, sous les fers de leurs chevaux, sous la gueule de leur innombrable et formidable artillerie que la défense s'organise.

Toujours et partout ils triomphent par le nombre, jamais par la valeur.

Ils entourent nos villes, et c'est la famine qui les force à se rendre, mais *jamais* leurs attaques.

Au milieu de succès aussi constants et aussi faciles, il est malaisé de commettre des fautes; et pourtant, malgré leur extrême habileté, leurs chefs en commettent, et ces fautes mêmes tournent à leur avantage.

Le siége et l'investissement de Paris étaient impossibles, obligés qu'ils étaient de tenir tête à la France qui s'armait. Quelque nombreuses que fussent les hordes de nos sauvages envahisseurs, il ne leur restait pas assez d'hommes pour l'entreprendre avec quelque chance de succès. C'était donc une grande faute militaire et même politique; mais la fatalité s'acharnait après nous, et l'incapacité de M. Trochu a perdu Paris et la France, a changé en un succès définitif ce qui devait être pour les Teutons le commencement d'un désastre. C'est ce que je voyais et vous disais dès le début; aussi, quelle souffrance!

Enfin, à eux *maintenant* la jactance et le profit, à nous l'honneur dans l'écrasement et la ruine, et *bientôt* la vengeance.

Colonel comte DE MEFFRAY.

Paris. -- Typ. Alcan-Lévy, rue Lafayette, 61, et passage des Deux-Sœurs.